Adaptation française par Florence Seyvos

Édition originale par Hakusensha, Inc., Tokyo, 2003 : « Rompa-chan to fuusen »
Les droits pour la langue française furent négociés
au nom de Hakusensha, Inc., Tokyo par Japan Foreign-Rights Centre
Loi numéro 49 956 du 16 juillet 1949 sur les publications
destinées à la jeunesse : mars 2005
Dépôt légal : juin 2010
Imprimé en France par Jean Lamour à Maxéville
ISBN 978-2-211-07766-8

Komako Sakaï

Un amour de ballon

l'école des loisirs
11, rue de Sèvres, Paris 6e

Ce matin, un marchand a donné un ballon à Akiko.

Pour que le ballon ne s'envole pas…

… le marchand l’a attaché au doigt d’Akiko.

Comme il était bien attaché,
le ballon a suivi Akiko
jusqu'à sa maison.

102

« Nous sommes arrivés, ballon. »
Maintenant, on détache la ficelle.

« Allez… ballon ! »

« Hé, où tu vas ? »

« Maman,
maman !
Je ne peux pas
l’attraper ! »

«Tiens, le voilà.»

« Maman, il est encore parti là-haut ! »

« Attends », dit maman, « j'ai une idée. »

« Regarde bien ce qu'on va faire. »

« Et voilà ! »

Maintenant, le ballon flotte.
Il reste juste à la hauteur d'Akiko.

«Viens, ballon. On va aller dans le jardin
tous les deux.»

« Regarde ! Tu aimes les fleurs ? »

Akiko a fait une jolie couronne pour le ballon.
Et une jolie couronne pour elle aussi.

Et maintenant, ils prennent leur goûter.
« Ballon, tu veux encore du gâteau ? »
« Oh oui, merci Akiko. »

Mais tout à coup, wouh !

Le vent emporte le ballon…

… très haut dans l’arbre.

La maman d'Akiko fait tout ce qu'elle peut pour attraper
le ballon. Mais elle n'y arrive pas, et il commence à faire noir.
Elle dit à Akiko : « Viens, il faut rentrer. On reviendra
le chercher demain. »

Ce soir, Akiko est trop triste pour manger.

«Tu sais, maman, j'avais promis au ballon
qu'on dînerait ensemble.»

« Et puis qu'on irait se brosser les dents ensemble,
et qu'on mettrait nos pyjamas. »

« Et qu’on dormirait tous les deux. »

«Je comprends, ma chérie.
Demain, j'emprunterai une échelle
et on ira le chercher.»
«Vraiment ?» dit Akiko.
«Vraiment !» dit maman.
«Vraiment vraiment ?»
«Vraiment vraiment !»

Akiko ne pleure plus. Elle pense au ballon.

Tout à coup, il lui vient une idée… mais oui !

Le ballon, dans l’arbre, il brille…
il est aussi beau que la lune !